AF582262

LE MARCHÉ
DES
INNOCENTS

BALLET-PANTOMIME EN UN ACTE

DE

M. PETIPA

Musique de

M. PUGNI

Décor de MM. CAMBON ET THIERRY

Représenté à Paris, sur le Théâtre impérial de l'Opéra, le 29 mai 1861

Prix : 1 franc.

PARIS

Mme Ve JONAS, ÉDITEUR-LIBRAIRE DE L'OPÉRA

4, RUE MANDAR

MICHEL LÉVY FRÈRES
2 bis, rue Vivienne.

TRESSE, PALAIS-ROYAL
Galerie de Chartres.

1861

LE MARCHÉ DES INNOCENTS

Pour les maquettes ou dessins des décors, les dessins des costumes et tous les détails et accessoires du Ballet, s'adresser à l'Office de mise en scène, dirigé par M. DAVID fils, rue Saint-Georges, n° 9, à Paris.

PARIS — TYPOGRAPHIE MORRIS ET Ce, RUE AMELOT, 64.

LE MARCHÉ

DES

INNOCENTS

BALLET-PANTOMIME EN UN ACTE

DE

M. PETIPA

Musique de

M. PUGNI

Décor de MM. CAMBON ET THIERRY

Représenté à Paris, sur le Théâtre impérial de l'Opéra, le 29 mai 1861

PARIS

Mme Ve JONAS, ÉDITEUR-LIBRAIRE DE L'OPÉRA

4, RUE MANDAR

MICHEL LÉVY FRÈRES
2 bis, rue Vivienne.

TRESSE, PALAIS-ROYAL
Galerie de Chartres.

1861

DISTRIBUTION

—

GLORIETTE, Mme **MARIE PETIPA**

Le Capitan,	MM. Berthier.	Denise,	Mmes Marquet.
Simon,	Mérante.	Caroline,	Morendo.
Lindor,	Dauty.	Dame de la halle,	Schlosser.
Pantalone,	Estienne.	Pierette,	Trois-Vallets.
Narcisino,	Cornet.	Arlequine,	Mercier.
Un Jardinier,	Millot.	Polichinella,	Stoïkoff.
		Jardinière,	Fiocre.

DIVERTISSEMENT

1° *Le Panier de Cerises*, pas d'action, dansé par **M. MÉRANTE** et Mme **PETIPA.**

2° *Le Jaloux généreux*, scène bouffe, par MM. Berthier, Estienne, Cornet, Mlles Morendo, Trois-Vallets, Mercier et Stoïkoff.

3° *Les Dames de la Halle*, pas de caractère, dansé par Mlle Schlosser et 48 artistes de la danse.

4° *Le Pas de la chaine de Fleurs*, dansé par M. Mérante et Mlle Fiocre.

5° *La Ziganka*, dansée par Mme **PETIPA.**

32 dames de la Halle.

Coryphées.

Mlles Parent.	Baratte.	Lamy,	Segaud.
Poinet.	Fiocre 2.	Giraut.	Cassegrain.
Morlot.	Danse.	Villeroy.	Jousse.
Cretin.	Laurent.	Leroy.	Thybert.

Quadrilles.

Mlles Gambelon.	Condoin.	Minet.	Tarlé.
Montaubry.	Pilatte.	Bourguignon.	Rust.
Deléonet.	Savile.	Vibon.	Volter 2.
Volter 1.	Brach.	Mauperin 2.	Vidal.

16 *forts de la Halle.*

MM. Jules.	Bertrand.	Leroy.	Scio.
Pisarello.	Galland.	Lecerf.	Barbier.
Fauget.	Meunier.	Perrot.	Michaux.
Desvignes.	Gabiot 1.	Rousseau.	Quentin.

Marchandes de fleurs, grisettes, ravaudeuses, etc.

Mlles Santanera, Jousset, Caron, Pouilly, Mallot 1, Demerson, Layata, Alexandre, Brach 2, Saulaville, Breard, Desvignes, Dauwes, Belson, Lesage, Frimat, Simon 2, Georgeault, Valet, De Marconnay, Canet, Allias, Laurency, Piquart, Munier, Malot 2, Ribet 1, Thomasson et Parent 2.

4 *incroyables.*

MM. Lefèvre. Caré. Monfallet. Bion.

4 *soldats.*

MM. Darcourt. Gondoin. Josset. Fournier.

Peuple.

MM. Salomon, Lavigne, Roquante, Granjon, Rust, Mault, Fournot, Porcheron.

4 *musiciens noirs.*

MM. Bretonneau. Guillemot. Tourneur. Andoul.

5 *précieuses.*

Mlles Corinne. Letellier. Meurant. Ewans. Lefèvre.

14 *marchandes.*

Mlles Basile.	Touzard.	Lacroix.	Lescars.
Perolly.	Gueroult	Arbel.	Carel.
Colas.	Masson 2.	Jardin.	Pecken.

24 *soldats.*

LE MARCHÉ DES INNOCENTS

La scène est à Paris, au temps du Directoire. Le théâtre représente la place du marché des Innocents. A droite, au premier plan, la boutique de Gloriette : devant a porte un tonneau avec un siége à l'intérieur, et surmonté d'un large parapluie. A gauche, la boutique de Simon.

SCÈNE PREMIÈRE.

Au lever du rideau des marchands et marchandes de poisson, de légumes, de fruits et de fleurs se promènent en tous sens. Des acheteurs sillonnent les groupes et font des emplettes. Simon ouvre sa boutique et fait son étalage. Il choisit parmi ses plus beaux fruits une corbeille de cerises et va la placer sur le bord du tonneau de Gloriette.

C'est-là, dit-il, que travaille celle que j'aime... C'est dans ce misérable tonneau qu'elle passe ses journées. Mais où donc est-elle?... elle tarde bien à venir... ah! maudit argent!... ne pas être assez riche pour l'épouser et vivre, là, tous deux, dans ma boutique, heureux... Mais la voici!... (*Il va près de sa boutique.*)

Une cloche se fait entendre : Marchands et acheteurs se retirent.

SCÈNE II.

Gloriette, la jeune et jolie couturière, arrive joyeuse et en dansant.

Lorsque Gloriette a terminé sa danse, elle aperçoit le panier de cerises et plusieurs lettres que des galants ne cessent de lui écrire.

Déjà Simon est près d'elle.

Je sais bien, dit-elle, de qui me vient ce joli panier... C'est de toi, cher Simon. (*Pas de deux.*)

SCÈNE III.

LE JALOUX GÉNÉREUX

Une troupe d'acteurs ambulants, suivis par la foule et précédés par de la musique, s'installent sur la place.

Scène de pantomine jouée par le Capitan, Pantalone, Narcisino et Coraline. (*Grand pas de quatre.*)

SCÈNE IV.

A la fin du pas on aperçoit Lindor, un incroyable aussi ridicule par sa mise extravagante que par des façons bizarres. Il traverse les groupes avec violence, distribue force coups de son énorme bâton tordu. Il est berné et secoué d'importance. Après avoir fait arranger l'économie de sa toilette par un laquais, il s'arrête court, comme frappé par la beauté de Gloriette. Il porte la main à son cœur et semble prêt à défaillir. Il tire sa bourse pour payer et éloigner les bateleurs ; mais pendant qu'il cherche de la monnaie, Gloriette lui arrache sa bourse et la donne aux bateleurs, qui s'éloignent joyeux avec tous les assistants. — Simon rentre dans sa boutique.

SCÈNE V.

Gloriette s'est assise dans son tonneau. — Elle coud de la dentelle, et feint de ne pas s'apercevoir de la présence de Lindor.

— Bonjour, chère belle, dit Lindor en pivotant sur ses talons... En vérité, je suis indigné de voir une aussi charmante femme dans ce tonneau... Ces jolies et délicates mains ne sont pas faites pour travailler. (*Il veut lui prendre la main, Gloriette la retire vivement et le pique avec son aiguille.*) Mais n'aimes-tu personne?... ton cœur n'a-t-il pas encore parlé?... dis, petite?...

— Si fait, monsieur... Il a parlé pour ce brave et honnête garçon, dont vous voyez la boutique en face. Lindor veut lutiner Gloriette, qui le repousse et le menace de son aiguille... Désespéré, il se jette à ses genoux. Gloriette le raille.

— Oh ! monsieur Lindor... Si l'on vous voyait ainsi aux pieds d'un tonneau.

— Que m'importe !... je t'aime ardemment... Dis un mot et je t'épouse !

— Tenez, monsieur, dit avec indifférence Gloriette, dans les efforts que vous venez de tenter, votre bas s'est déchiré. Venez que je vous le reprise.

— Comment, tu consentirais... oh! bonheur.

— N'est-ce pas mon état...

(*Lindor pose sa jambe sur le bord du tonneau. — Gloriette reprise. — Lindor cherche vainement à l'embrasser. A chaque tentative qu'il fait, il est piqué violemment. Tandis que Lindor regarde Simon qui, jaloux, observe anxieux ce qui se passe, Gloriette lui attache un petit drapeau dans son faux mollet. Il remercie Gloriette, et lui dit que bientôt il va revenir. — Il s'éloigne en envoyant force baisers à Gloriette.*)

SCÈNE VI.

Une violente dispute éclate au fond entre des poissardes. — Elles s'avancent en se menaçant. — Une scène d'injures va se terminer par un combat. — Déjà quelques bonnets ont voltigé, et des cheveux sont épars, lorsque des forts de la Halle s'interposent, réconcilient les femmes et les invitent à danser. (*Danse générale.*)

SCÈNE VII.

Lindor revient, portant un énorme bouquet orné de longs rubans qu'il offre à Gloriette.

SCÈNE VIII.

La belle Denise, maîtresse de Lindor, paraît suivie de nombreux domestiques. Elle s'approche, menaçante, de Lindor et lui applique un coup d'éventail sur le visage.

— Comment pouvez-vous, dit-elle à Lindor, vous trouver au milieu de tous ces gens-là, et parler à cette fille? ajouta-t-elle en fixant dédaigneusement Gloriette.

Vous ici, ma toute belle... dit avec embarras Lindor? Figurez-vous qu'un petit accident est arrivé... à mon bas... et je suis venu réclamer les soins de cette petite.

Ne voyez-vous pas que l'on se moque de vous?... Tenez, regardez ce qui flotte à votre jambe...

(*Tout le monde raille Lindor*).

Tête-bleue ! dit Lindor, dans quelle situation ridicule m'a mis cette friponne.

Denise éloigne rudement Lindor et s'avance près de Gloriette, qui fait signe à Simon de s'éloigner.

Ne soyez pas si vive, lui dit avec fermeté Gloriette, vous savez que j'ai là de quoi vous calmer et vous confondre...

Toi, petite couturière en plein vent !... Tu me fais pitié!

Moi... et je le ferai si vous ne vous retirez à l'instant. (*Gloriette va prendre une petite cassette dans son tonneau.*) Reconnaissez-vous ceci?...

Ma cassette !... dit Denise avec effroi. (*Avec douceur.*) Par pitié ! sois généreuse !... ne me perds pas !...

Je ne suis pas si méchante que toi... je n'en ferai rien... tiens la voici !... (*Elle lui remet la cassette.*)

Oublie ma colère, dit Denise en embrassant Gloriette, et je veux contribuer à ton bonheur... que désires-tu ?

Me marier à ce brave garçon que tu vois là... il n'est pas riche, et je suis sans dot...

Lindor, approchez, dit impérieusement Denise; réjouissez-vous du plaisir que vous me procurez; je retrouve une amie d'enfance... Donnez-moi votre portefeuille... Allons, promptement!

Mais, toute belle, rien ne presse... que voulez en faire?

Donnez votre portefeuille... *(Elle frappe du pied.)*

Le voilà! le voilà! tête folle!... *(Il le lui donne.)*

Tiens, chère Gloriette, voici ta dot! *(Elle lui remet le portefeuille.)*

Simon et Gloriette remercient Denise.

Tout les assistants crient : Vive Denise! vive Lindor!

Tête-bleue! dit Lindor, elle me ruine... mais le mari n'est pas beau... et, plus tard, si je puis en conter à sa femme... Je reviendrai! je reviendrai!

(Danse Générale.)

FIN DU BALLET.

Paris — Typ. Morris et Cie, rue Amelot, 64

www.ingramcontent.com/pod-product-compliance
Lightning Source LLC
LaVergne TN
LVHW050518160826
845677LV00003B/1212

* 9 7 8 2 3 2 9 6 2 5 0 3 4 *